Titania Verlag Stuttgart Verse von Lena Hahn

So ein Sportfest, liebe Leute,
das will vorbereitet sein!
Darum gibt's im Walde heute
viel zu tun für groß und klein.
Eben ruft der Wichtel Purzel,
der für Festschmuck sorgen soll:
„Hängt mal hier die kahle Wurzel
reichlich mit Girlanden voll!"

Endlich, lang ersehnt von allen,
bricht er an, der große Tag.
Feierlich und laut erschallen
Blasmusik und Paukenschlag.
Alle, die im Walde wohnen,
schauen sich den Festzug an,
wo man all die Sportkanonen
sehen und bewundern kann.

Auf dem Fußballplatz ist Leben!
Hart belagert wird das Tor,
und die Igel dringen eben
mit den besten Stürmern vor.
Da kommt bei den Hamstern plötzlich
ein Verteidiger zu Fall, —
oh, die Lage ist entsetzlich!
Doch der Torwart hält den Ball!

Bei dem Wettlauf etwas später
ist ein heißer Kampf entbrannt.
Hier geht's um die Zentimeter, —
wer erreicht zuerst das Band?
Ein paar Mäuse holen schließlich
auch die schnellsten Frösche ein.
„Wartet nur", brummt Quak verdrießlich,
„laßt uns erst beim Schwimmen sein!"

Zu den Tennis-Meisterschaften
treten nun zwei Spieler an,
deren Schwung und fabelhaften
Eifer man bewundern kann.
Elegant und blitzesschnelle
auf dem Spielfeld hin und her
schmettern sie die weißen Bälle
und sie schwitzen dabei sehr.

Platsch! Den Igel trifft ein nasser
Spritzer mitten ins Gesicht.
So ein Sprung ins kühle Wasser
schreckt die Meisterschwimmer nicht.
Nein, sie können's nicht erwarten,
bis das Zeichen endlich winkt, —
alle hopsen los und starten,
ehe noch die Fahne sinkt.

Bei den Klängen der Kapelle
zeigt sich turnerische Kraft.
Seht nur mal die Riesenwelle,
die der Frosch da spielend schafft!
Und der Hamster stemmt Gewichte,
die kein andrer heben kann.
Doch mit friedlichem Gesichte
schnarcht der Limonaden-Mann.

*P*rasseln auch die Schläge nieder —
Boxer zeigen keinen Schmerz.
Hei, das war ein Ding! Da — wieder!
Jedem Sportfreund lacht das Herz.
Mulli mit den harten Pfoten
haut den Gegner hinters Ohr.
Halt, mein Freund, das ist verboten!
Doch im Eifer kommt es vor.

Hier wird hoch und weit gesprungen,
denn auch das gehört zum Sport.
Quakfrosch ist ein Sprung gelungen,
der bedeutet Weltrekord!
Und begeistert ruft ein jeder:
„Ohne Anlauf, aus dem Stand,
springt der Bursche fast zwei Meter!
Das ist wirklich allerhand!"

Die Entscheidung ist gefallen,
und der Sieger wird genannt.
Seine Leistung wird von allen
laut und neidlos anerkannt.
Er empfängt die Ehrenpreise
voller Stolz und hochbeglückt,
und in feierlicher Weise
wird er mit dem Kranz geschmückt.

Bei der Siegesfeier sitzen
sie bis in die Nacht hinein.
Durch des Waldes Dunkel blitzen
viele helle Fensterlein.
Endlich dann, in später Stunde,
gehn die Musiker nach Haus.
„Prosit!" ruft die frohe Runde, —
und nun ist das Sportfest aus!

© Titania-Verlag Stuttgart
Alle Rechte vorbehalten
Verl. Nr. 3443
ISBN 3 7996 3443 6
Printed in Belgium

PRINTED IN BELGIUM BY

proost

INTERNATIONAL BOOK PRODUCTION